Моят баща ще Ви даде от мое име

Д-р Джейрок Лий

*„И в онзи ден няма да Ме питате за нищо.
Истина, истина ви казвам: Ако поискате нещо от Отца в Мое име,
Той ще ви го даде. Досега нищо не сте искали в Мое име;
искайте и ще получите, за да бъде радостта ви пълна."*
(Йоан 16:23-24)

Моят баща ще Ви даде от мое име от д-р Джейрок Лий
Издадена от Юрим букс (Представител:Seongnam Vin)
73, Шиндейбанг-донг 22, Донгджак-гу, Сеул Ю. Корея
www.urimbooks.com

Всички права запазени. Тази книга или части от нея не могат да бъдат възпроизвеждани в никаква форма, не могат да бъдат записвани във възпроизвеждаща система или предавани чрез електронни, механични, копирни или други видове средства без предварително писмено разрешение на издателя.

Освен ако не е изрично упоменато, всички цитати от Библията са взети от ревизираното издание на БИБЛИЯТА НА СЪВРЕМЕНЕН БЪЛГАРСКИ ЕЗИК на издателство „Верен," © 2000, 2001, използвани с разрешение.

Запазени права © 2018 от Д-р Джейрок Лий
ISBN: 979-11-263-0445-5   03230
Запазени права за превод © 2012 от Д-р Естер К. Чанг. Използван с разрешение.

Първо издание – Септември 2018 г.

Предишно издание на корейски език от Юрим букс, 1990 г.

Редакция Д-р Джюмсан Вин
Дизайн – Издателска къща Юрим букс
Печатна фирма Yewon
За повече информация: urimbook@hotmail.com

Предговор

*„Истина, истина ви казвам:
Ако поискате нещо от Отца в Мое име, Той ще ви го даде.
Досега нищо не сте искали в Мое име; искайте и ще получите,
за да бъде радостта ви пълна."*
(Йоан 16:23)

Християнството е вяра, с която хората срещат живия Бог и изпитват делата Му чрез Исус Христос.

Всемогъщият Бог създал небето и земята и управлява историята на вселената, живота, смъртта, проклятието и благославянето на хората. Той отговаря на молитвите на Своите деца и желае да водят подобаващ за тях благословен живот.

Истинските деца на Бога притежават властта, отдадена им като Негови деца и водят живот, в който всички неща са възможни, нищо не им липсва, радват се на благословии и няма никакви причини да изпитват завист или ревност към другите. Те възхваляват Бога в своя живот, изпълнен с богатство, могъщество и успех.

Човек трябва добре да разбира закона на духовното царство за Божиите отговори и да получи всичко, за което моли Бога в името на Исус Христос, за да се радва на такъв благословен живот.

Настоящата творба е компилация на посланията, проповядвани в миналото за всички християни, особено онези, които вярват без съмнение във всемогъщия Бог и желаят да водят живот, изпълнен с Божиите отговори.

Нека книгата *Моят баща ще Ви даде от мое име* да послужи като ръководство на всички читатели, за да научат закона на духовното царство за Божиите отговори и да им позволи да получат всичко, което искат в молитвите си, моля се в името на Исус Христос!

Отдавам възхвала и благодарност на Бога за това, че

позволи издаването на тази книга, изпълнена с ценното Му слово и благодаря искрено на всички, които се трудиха усилено за това начинание.

Джейрок Лий

Съдържание

Моят баща ще Ви даде от мое име

Предговор

Глава 1
Начини за получаване на Божиите отговори   1

Глава 2
Нуждаем се отново да Го молим   15

Глава 3
Духовният закон за Божиите отговори   25

Глава 4
Разрушете стената от грях   39

Глава 5
Ще пожънете, каквото сте посяли   51

Глава 6
Илия получава Божия отговор с огън   65

Глава 7
Да изпълните желанията на сърцето си   77

Глава 1

Начини за получаване на Божиите отговори

„Дечица, да не обичаме с думи,
нито с език, но с дело и в действителност.
По това ще познаем, че сме от истината,
и ще уверим сърцето си пред Него относно всичко,
в което нашето сърце ни осъжда;
защото Бог е по-голям от сърцето ни и знае всичко.
Възлюбени, ако нашето сърце не ни осъжда,
имаме дръзновение спрямо Бога; и каквото и да поискаме,
получаваме от Него,
защото пазим заповедите Му и вършим това,
което е угодно пред Него."

1 Йоаново 3:18-22

Един от източниците на голяма радост за Божиите деца е фактът, че всемогъщият Бог е жив, отговаря на молитвите им и действа във всички неща за доброто им. Хората, които вярват в тази истина, се молят ревностно, за да получат всичко, което искат от Бога и да Го възхваляват от все сърце.

1 Йоаново 5:14 гласи: *„И дръзновението, което имаме пред Него, е това, че ако просим нещо по Неговата воля, Той ни слуша."* Стихът ни напомня, че имаме правото да получим всичко, за което се молим, когато правим това според Божията воля. Независимо колко лош е един родител, той няма да даде камък на детето си, когато го моли за хляб, нито змия, когато се моли за риба. Какво би могло да попречи на Бога да даде на децата Си добри дарове, когато Го молят за тях?

Ханаанката в Матей 15:21-28 не само получила отговори на молитвата си, когато застанала пред Исус, но изпълнила и желанията на сърцето си. Въпреки че дъщеря й била обсебена жестоко от демони, тя помолила Исус да я излекува, защото била убедена, че всичко е възможно за вярващите. Какво според вас направил Исус за тази нееврейска жена, която Го помолила да излекува детето й и не се отказала? Както четем в Йоан 16:23: *„И в онзи ден няма да Ме питате за нищо. Истина, истина ви казвам: Ако поискате нещо от Отца в Мое име, Той ще ви го даде."* Исус веднага изпълнил нейното желание, когато видял вярата й. *„О, жено, голяма е твоята вяра; нека бъде според желанието ти. И в този час дъщеря й оздравя"* (Матей 15:28).

Колко чудотворен и добър бил Божият отговор!

Трябва да възхваляваме живия Бог ако вярваме в Него като Негови деца, когато получаваме всичко, за което се молим. С помощта на цитата, на който се основава тази глава, нека да разгледаме начините, чрез които можем да получим Божиите отговори.

1. Трябва да вярваме в Бога, който ни обещава да ни отговори

Бог обещал чрез Библията да отговори на нашите молби и молитви. Ето защо, можем ревностно да се молим и да получим всичко, което искаме от Бога само когато не се съмняваме в обещанието Му.

Числа 23:19 гласи: *„Бог не е човек, за да лъже, нито човешки син, за да се разкае; Той каза и няма ли да извърши? Той говори и няма ли да го приведе в действие?"* Бог ни обещава в Матей 7:7-8: *„Искайте и ще ви се даде; търсете и ще намерите; хлопайте и ще ви се отвори; защото всеки, който иска, получава; който търси, намира; и на този, който хлопа, ще се отвори."*

В Библията има много изрази за Божието обещание, което гласи, че Той ще ни отговори ако искаме според волята Му. Ето няколко примера:

„Затова ви казвам: Всичко, каквото поискате в молитва, вярвайте, че сте го получили, и ще ви се сбъдне" (Марко 11:24).

„Ако пребъдете в Мен и думите Ми пребъдат във вас, искайте каквото и да желаете и ще ви се сбъдне" (Йоан 15:7).

„И каквото и да поискате в Мое име, ще го направя, за да се прослави Отец в Сина" (Йоан 14:13).

„Тогава ще извикате към Мен и ще отидете, и ще Ми се помолите; и Аз ще ви послушам. И ще Ме потърсите и ще Ме намерите, като Ме потърсите с цялото си сърце" (Еремия 29:12-13).

„И Ме призови в ден на напаст; и Аз ще те избавя; и ти ще Ме прославиш" (Псалми 50:15).

Божието обещание се споменава многократно, както в Стария, така и в Новия завет. Дори и това обещание да се съдържаше само в един библейски стих, ние щяхме стриктно да го спазваме и да се молим, за да получим Божиите отговори. При все това, обещанието се среща многократно в Библията и ние трябва да вярваме, че Бог наистина е жив и че изпълнява същото дело вчера, днес и завинаги (Евреи 13:8).

Библията ни разказва за множество благословени мъже и жени, които вярвали в Божието дело, молили се и получили Неговите отговори. Трябва да следваме вярата и сърцето на тези хора и в нашия собствен живот, за да получаваме винаги Божиите отговори.

Когато Исус казал на един парализиран мъж в Марко 2:1-12: *„Синко, прощават ти се греховете. Стани, вдигни постелката си и си иди у дома"*, парализираният човек се изправил, вдигнал постелката си и излязъл пред всички. Очевидците могли само да се зачудят и да славят Бога.

Стотникът в Матей 8:5-13 се помолил на Исус за своя слуга, който лежал много измъчен и парализиран в дома му и казал: *„кажи само една дума и слугата ми ще оздравее"* (стих 8). Ние знаем, че когато Исус отговорил на стотника: *„Иди си; както си повярвал, така нека ти бъде"*, слугата оздравял в същия час (стих 13).

Прокаженият човек в Марко 1:40-42 отишъл при Исус и Го молил на колене: *„Ако искаш, можеш да ме очистиш"* (стих 40) Исус се смилил над прокажения, протегнал ръката Си и се допрял до него с думите: *„Искам, бъди очистен!"* (стих 41) Проказата оставила човека и той станал чист.

Бог позволява на всички хора да получат това, за което Го молят в името на Исус Христос. Той иска също всички хора да вярват в Бога, който обещал да отговори на молитвата им, да се молят с неизменно сърце без да се отказват и да станат благословени деца.

2. Видове молитва, на които Бог не отговаря

Бог забелязва сърцето и старанието им и отговаря на молитвите им, когато хората вярват и се молят според Божията воля, спазват словото Му и умират, както умира пшеничното зърно. Каква би могла да бъде причината някои хора да не могат да получат Божиите отговори въпреки молитвите им? В Библията са описани множество личности, които не успели да получат Неговите отговори, макар че се молили. Трябва да научим как можем да получаваме Неговите отговори като изследваме причините, заради които хората не успяват да ги получат.

На първо място, Бог казва, че няма да отговори на молитвата ни ако трупаме грях в сърцето си. Псалми 66:18 гласи: *„Ако в сърцето си бях гледал благоприятно на неправда, Господ не би послушал"* и Исая 59:1-2 ни напомня: *„Ето, ръката на Господа не се е скъсила, за да не може да спаси, нито ухото Му е затъпяло, за да не* *може да чува; но вашите беззакония са ви отлъчили от вашия Бог и вашите грехове са скрили лицето Му от вас, и Той не иска да чува.*" Врагът-дявол ще прекъсне молитвата ни заради нашия грях и тя няма да достигне Божия трон.

На второ място, Бог няма да ни отговори ако не се молим в съгласие с братята ни. Молитвата ни няма да достигне Бога и Той няма да ни отговори, защото нашият небесен Баща няма да ни прости ако ние не простим на братята ни от все сърце (Матей 18:35).

На трето място, Бог няма да отговори на молитвата ни ако се молим, за да задоволим желанията ни. Бог няма да ни отговори ако не почитаме славата Му, а вместо това се молим според желанията на греховната ни природа и за да използваме полученото от Него за наше удоволствие (Яков 4:2-3). Например, бащата ще даде на дъщеря си пари винаги, когато поиска ако тя е послушна и ученолюбива. Въпреки това, бащата няма да е склонен да даде пари на дъщеря си ако е непокорна и не се интересува изобщо от учението или много ще се притеснява за какво ще ги изхарчи. В същия смисъл, Бог няма да ни отговори, за да не тръгнем по пътя на унищожението ако ние искаме нещо с греховни подбуди и за да задоволим желанията на порочната ни природа.

На четвърто място, не трябва нито да се молим, нито да плачем за идолопоклонниците (Еремия 11:10-11). Бог ненавижда идолите повече от всичко друго и ние трябва да се молим единствено за спасението на душите им. Всяка друга молитва или искане за тях или от тяхно име ще остане без отговор.

На пето място, Бог не отговаря на молитвата, изпълнена със съмнения, защото можем да получим отговори от Бога само когато вярваме и не се съмняваме (Яков 1:6-7). Сигурен съм, че много от вас са били свидетели на изцелението на нелечими болести и разрешението на привидно неразрешими проблеми, когато хората молят Бог да се намеси. Така е, защото Бог е казал: *„Но да проси с вяра, без да се съмнява ни най-малко; защото който се съмнява, прилича на морски вълни, които се тласкат и блъскат от ветровете. Такъв човек да не мисли, че ще получи нещо от Господа"* (Марко 11:23). Трябва да знаете, че молитвата, изпълнена със съмнения, не може да получи отговор и само молитвата в съответствие с Божията воля, ще предизвика несъмнено чувство на сигурност.

На шесто място, молитвата ни няма да получи отговор ако не спазваме Божиите заповеди. Библията гласи, че можем да бъдем уверени пред Бога и да получим от Него всичко, което искаме, когато спазваме Божиите заповеди и правим това, което е угодно на Бога (1 Йоаново 3:21-22).

Притчи 8:17 гласи: *"Аз обичам онези, които ме обичат, и онези, които ме търсят ревностно, ще ме намерят."* Ето защо, молитвата на хората, които спазват Божиите заповеди с любовта си към Него със сигурност ще получи отговор (1 Йоаново 5:3).

На седмо място, не можем да получим Божиите отговори без да посеем. Галатяни 6:7 казва: *"Недейте се лъга; Бог не е за подиграване: понеже каквото посее човек, това и ще пожъне"* и 2 Коринтяни 9:6 гласи: *"А това казвам, че който сее оскъдно, оскъдно и ще пожъне; а който сее щедро, щедро и ще пожъне."* Човек не може да пожъне без да посее. Душата на човек ще просперира ако посее молитва; ще получи финансови благословии ако посее дарения; ще бъде благословен за добро здраве ако посее с делата си. Накратко казано, трябва да посеете това, което искате да пожънете и да посеете правилно, за да получите Божиите отговори.

В допълнение към горепосочените изисквания, молитвата няма да получи отговор ако хората не се молят в името на Исус Христос, не правят това от сърце или продължават да говорят несвързано. Разногласието между съпрузите или неподчинението няма да доведе до Божиите отговори (1 Петрово 3:7).

Винаги трябва да помним, че подобни обстоятелства създават стена между нас и Бога, който ще отвърне лице от нас и няма да отговори на молитвата ни. Следователно, трябва първо да търсим Божието царство и праведност, да се молим на висок глас, за да постигнем желанията на сърцето ни и винаги да получаваме Неговите отговори като запазваме вярата си докрай.

3. Тайни за получаване на отговори на молитвата ни

В духовен смисъл в първия етап на своята вяра в Исус, човек може да се сравни с дете и Бог веднага отговаря на молитвата му. В този момент вярващият все още не познава цялата истина и ако приложи на дело наученото Божието слово, Бог му отговаря подобно на бебе, което плаче за мляко и го ръководи да срещне Господ. Когато човек непрекъснато слуша и разбира истината, той ще надрасне фазата на „прохождането" и Бог ще му отговори според степента, в която прилага истината на дело. Човек не може да получи Божиите отговори ако надрасне етапа на „детството" в духовен смисъл, но продължава да съгрешава и не спазва Божието слово; в този смисъл, той ще получи Божиите отговори според своята степен на святост.

Следователно, хората, които не са получили Божиите отговори трябва първо да се разкаят, да се откажат от своя път и да започнат да водят покорен живот според Божието слово. Бог им дава удивителни благословии, когато живеят според истината и се разкайват чрез пречистване на сърцето им. Йов притежавал вяра, съхранена само като знание и затова отначало се оплаквал от Бога, когато срещал изпитания и страдания. Йов простил на своите приятели и заживял според Божието слово след като срещнал Бога и се разкаял чрез разкъсване на сърцето си. В замяна на това, Бог благословил Йов да има два пъти повече богатства от преди (Йов 42:5-10).

Йона се озовал в тялото на голяма риба заради своето неподчинение на Божието слово. Въпреки това, Бог заповядал на рибата и тя го повърнала на суха земя след като се молил, покаял и благодарил в молитвата си с вяра (Йона 2:1-10).

Врагът-дявол ще ви нападне от една посока, но ще избяга на седем страни, когато се откажете от грешния път, когато се покаете и заживеете според Божията воля, вярвате и се молите на Бога. Болестите, проблемите с децата и финансовите проблеми ще бъдат разрешени. Ревнивият съпруг ще се превърне в добър и сърдечен мъж и спокойното семейство, което издава Божия аромат, ще възхвалява Бога.

Трябва да възхваляваме Бога като свидетелстваме за Него с нашата радост ако сме се отказали от грешните пътища, ако сме се разкаяли и сме получили Неговите отговори в молитвата ни. Бог не само получава хвалебствията и е удовлетворен от нас, когато Го радваме и

Го възхваляваме с нашата изповед, но и желае да ни попита: „Какво да ти дам?"

Представете си, че майката е направила подарък на своя син, който не изглежда благодарен и по никакъв начин не дава израз на своята благодарност. Майката може повече да не изпита желание да му прави подаръци. Въпреки това, тя остава доволна, желае да му направи още подаръци и се подготвя за тях ако синът оцени подаръка и благодари на майка си. По същия начин, ние ще получим още повече от Бога, когато Го възхваляваме и помним, че нашият Баща Бог се радва децата Му да получат отговор на молитвите си и дава още по-хубави подаръци на онези, които свидетелстват за Неговите отговори.

Нека всички ние да искаме според Божията воля, да Му покажем нашата вяра и всеотдайност и да получим от Него всичко, което желаем. Да представим на Бога нашата вяра и всеотдайност може да изглежда трудна задача от човешка гледна точка. Въпреки това, само след такъв процес, когато се откажем от тежките грехове, които противоречат на истината, държим очите си отворени към вечно-зеленото небе, получаваме отговори на молитвите ни и изграждаме нашите възнаграждения на небесното царство, животът ни ще бъде изпълнен с благодарност и радост и ще има истински смисъл. Освен това, животът ни ще бъде още по-благословен, защото ще прогоним изпитанията и страданията и ще почувстваме истинско благоденствие с Божието ръководство и закрила.

Нека всеки от вас да поиска с вяра това, което желае, да се моли ревностно, да се бори с греха и да спазва Неговите заповеди, за да получите всичко, което искате, да Го задоволите във всички дела и да възхвалявате Бога, моля се в името на Исус Христос!

Глава 2

Нуждаем се отново да Го молим

„Тогава, като си спомните нечестивите си постъпки и недобрите си дела, ще се отвратите сами от себе си пред очите си поради беззаконията и мерзостите си. Не заради вас правя Аз това, казва Господ Йехова, нека ви бъде известно. Засрамете се и се смутете поради постъпките си, доме Израелев! Така казва Господ Йехова: В деня, когато ви очистя от всичките ви беззакония, ще направя и да се населят градовете и запустелите места ще бъдат съградени. Опустошената земя ще бъде обработена, макар че е била пуста пред очите на всеки, който минаваше. И ще казват: Тази земя, която беше запустяла, стана като Едемската градина и запустелите, опустошените и разорените градове се укрепиха и населиха. Тогава народите, останали около вас, ще познаят, че Аз, Господ, съградих разореното и насадих запустялото. Аз, Господ, изговорих това и ще го извърша. Така казва Господ Йехова: При това Израелевият дом ще Ме потърси, за да им го сторя.
Ще ги умножа с хора като стадо."

Езекил 36:31-37

Във всички шестдесет и шест книги на Библията, Бог, който е същият вчера, днес и завинаги, свидетелства за факта, че е жив и работи (Евреи 13:8). Бог достоверно представил доказателство за делото Си на всички онези, които вярвали в словото Му и се подчинявали по времето на Стария завет, в епохата на Новия завет и в днешно време.

Бог – Създателят на всичко във вселената и Управител на живота, смъртта, проклятието и благословията на човечеството, обещал да ни *„благослови"* (Второзаконие 28:5-6), когато вярваме и се подчиняваме на цялото Му слово в Библията. Какво би ни липсвало и какво не бихме могли да получим ако ние истински вярваме в този удивителен и чуден факт? В Числа 23:19 четем: *„Бог не е човек, за да лъже, нито човешки син, за да се разкае; Той каза и няма ли да извърши? Той говори и няма ли да го приведе в действие?"* Нима Бог говори и не действа? Нима обещава и не изпълнява? Исус обещал в Йоан 16:23: *„Истина, истина ви казвам: Ако поискате нещо от Отца в Мое име, Той ще ви го даде."* Божиите деца са истински благословени.

По този начин, напълно естествено е за Божиите деца да имат живот, в който получават всичко, което искат и да възхваляват своя небесен Баща. Защо повечето християни не успяват да водят такъв живот? С цитата, на който се основава тази глава, нека разгледаме как бихме могли да получим Божиите отговори.

1. Бог е обещал и ще го изпълни, но ние трябва отново да Го молим

Израелтяните получили щедри благословии като Божии избраници. Било им обещано, че ако истински спазвали и следвали Божието слово, Той щял да ги издигне високо над всички други земни нации, да направи така, че враговете им да бъдат разгромени пред тях и да благослови всичко, до което се докосват (Второзаконие 28:1, 7, 8). Израелтяните получили такива благословии, когато спазвали Божието слово, но в Божия гняв, те били хванати като пленници и земята им била унищожена, когато тръгнали по грешен път, нарушили Закона и идолопоклонствали.

По това време, Бог обещал на израелтяните, че щял да позволи изоставената земя да бъде облагородена и унищожените места да бъдат построени отново ако се покаяли и се отказали от греховете. Освен това, Бог казал: *„Аз, Господ, изговорих това и ще го извърша. При това Израелевият дом ще Ме потърси, за да им го сторя"* (Езекил 36:36-37).

Защо Бог обещал на израелтяните да действа, но също така им казал отново да се „молят"?

Въпреки че Бог знае от какво се нуждаем още преди да Го помолим, Той е казал: *„Искайте и ще ви се даде; търсете и ще намерите; хлопайте и ще ви се отвори;*

защото всеки, който иска, получава; който търси, намира; и на този, който хлопа, ще се отвори. ... колко повече вашият Отец, Който е на небесата, ще даде добри неща на тези, които искат от Него!"* (Матей 7:7-11)

В допълнение към това, както Бог казва в Библията, ние трябва да Го помолим и да поискаме, за да получим Неговите отговори (Еремия 33:3; Йоан 14:14). Божиите деца, които вярват истински в словото Му, трябва също да се молят, въпреки че обещал да изпълни на дело думите Си.

От една страна, когато Бог обещава: „Ще го направя", ние ще получим отговори ако вярваме и се подчиняваме на словото Му. От друга страна, не можем да получим Божиите отговори ако се съмняваме, изпитваме Бога, не сме благодарни и вместо това се оплакваме по време на изпитание или страдание – накратко казано, ако не вярваме в Божието обещание. Дори и Бог да е обещал: „Ще го направя", това обещание може да бъде изпълнено единствено, когато вярваме в Него в молитвите си и на дело. Не можем да кажем, че някой вярва ако не се моли, а само разчита на обещанието и заявява: „Ще стане, каквото Бог казва." Такива хора няма да получат Божиите отговори, защото думите им не са придружени от дела.

2. Трябва да се молим, за да получим Божиите отговори

Първо трябва да се молите, за да разрушите стената от грях, която стои между Вас и Бога.

Когато Данаил бил заловен в плен във Вавилон след падането на Йерусалим, той се запознал със Светото писание, съдържащо пророчеството на Еремия и научил, че опустошението на Йерусалим щяло да продължи седемдесет години. По време на тези седемдесет години, както Данаил научил, израелтяните щели да служат на царя на Вавилон. След завършване на седемдесетте години, царят на Вавилон, неговото царство и земята на халдейците щяла да бъде прокълната и опустошена завинаги заради греховете им. Въпреки че по онова време израелтяните били държани в пленничество, пророчеството на Еремия, че щели да станат независими и да се върнат в родните си земи след седемдесет години, представлявало постоянен източник на радост и облекчение за Данаил.

Въпреки това, макар и да можел, Данаил не споделял радостта си с израелтяните. Вместо това, Данаил дал обет да се обърне към Бога с молитви и молби, придружени от пости, вретище и пепел. Той се разкаял за своите грехове и за прегрешенията на израелтяните, за това, че не действали праведно, били порочни и непослушни и не спазвали Божиите заповеди и закони (Данаил 9:3-19).

Бог не разкрил чрез пророк Еремия как щяло да завърши пленничеството на израелтяните във Вавилон; Той само пророкувал края на пленничеството след седем десетилетия. Данаил познавал добре закона на духовното царство и осъзнавал, че първо трябвало да се разруши стената, издигната между израелтяните и Бога, за да се изпълни Божието слово. По този начин Данаил представил на дело вярата си. Докато Данаил постил и се разкайвал – за себе си и за останалите израелтяни – за това, че съгрешил срещу Бога и в последствие бил прокълнат, Бог разрушил тази стена, отговорил на Данаил, дал на израелтяните „седемдесет седмици" и му разкрил и други тайни.

Унищожаването на стената от грях предшества изпълнението на молитвите ни и следва да бъде нашият приоритет, когато станем Божии деца, които искаме според словото на Баща ни.

На второ място, трябва да се молим с вяра и покорство.

В Изход 3:6-8 четем за Божието обещание към израелтяните, които по онова време били поробени в Египет, да ги изведе от там и да ги поведе към Ханаан, земята, в която течали мляко и мед. Ханаан била земята, която Бог обещал да даде в притежание на израелтяните (Изход 6:8). Той се заклел да даде земята на техните потомци и им заповядал да се вдигнат от там (Изход 33:1-3). Това била обещаната земя, където Бог заповядал на израелтяните да унищожат всички идоли и ги предупредил да не влизат в съюз с хората, които вече живели там и с техните идоли, за да не издигат препятствия между тях и техния Бог. Това било обещание от Бога, който винаги изпълнява думите Си. Защо тогава израелтяните не били способни да влязат в Ханаан?

Израелтяните се оплаквали от Бога в своето неверие в Него и в силата Му (Числа 14:1-3), не се подчинявали и затова не могли да влязат в земята Ханаан, въпреки че се намирали на прага й (Числа 14:21-23; Евреи 3:18-19). Накратко казано, обещанието на Бог да даде Ханаанската земя на израелтяните нямало смисъл ако те не вярвали в Него и не били покорни. Това обещание със сигурност щяло да се изпълни ако те наистина вярвали и Го слушали. В крайна сметка, само Исус Навиев и Калев, които вярвали в Божието слово, заедно с потомците на израелтяните, могли да влязат в Ханаан (Исус Навиев 14:6-12). Чрез историята на Израел, нека да запомним, че можем да получим Божиите отговори, само когато се молим като вярваме в обещанието Му и се подчиняваме с вяра.

Самият Моисей със сигурност вярвал в Божието обещание за Ханнан, но израелтяните не вярвали в Божията сила и дори и на него било забранено да стъпи на обещаната земя. Божието дело понякога идва в отговор само на вярата на един човек, но друг път е необходимо да вярват всички хора, за да може вярата им да е достатъчна за проявата му. При влизането на Ханаанската земя, Бог изисквал вярата на всички израелтяни, а не само на Моисей. Бог не срещнал подобна вяра сред жителите на Израел и затова не им позволил да стъпят в Ханаан. Не забравяйте, че когато Бог търси вярата не само на един човек, а на всички участващи, те трябва да се молят с вяра и с покорство и да обединят сърцата си, за да получат Неговите отговори.

Когато жената, която страдала от кръвотечение по време на дванадесет години, получила изцеление чрез докосването на дрехата на Исус, Той попитал: *„Кой се допря до мене?"* и я накарал да свидетелства за своето изцеление пред всички събрани (Марко 5:25-34).

Свидетелството на един човек за Божието дело, представено в живота му, помага на другите да увеличат вярата си и им дава сили да се превърнат в хора на молитвата, които искат и получават Неговите отговори. Получаването на Божиите отговори чрез вяра позволява на невярващите да добият вяра и да срещнат живия Бог и това наистина е прекрасен начин за Неговата възхвала.

Чрез вярата и спазването на благословеното слово, което се намира в Библията и като помним, че ние трябва отново да се молим, въпреки че Бог ни е обещал: „Ще направя това, което съм казал", нека винаги да получаваме Неговите отговори, да станем Негови благословени деца и да Го възхваляваме от все сърце.

Глава 3

Духовният закон
за Божиите отговори

„И излезе да отиде
по обичая Си на Елеонския хълм;
след Него отидоха и учениците.
След като стигна на мястото, им каза:
Молете се да не паднете в изкушение.
И Той се отдалечи от тях колкото един хвърлей камък
и като коленичи, молеше се, като казваше:
Отче, ако желаеш, отмини Ме с тази чаша;
обаче не Моята воля, а Твоята да бъде.
И Му се яви ангел от небето и Го укрепяваше.
И като беше във вътрешна борба, молеше се по-усърдно;
и потта Му стана като големи капки кръв,
които капеха на земята.
И като стана от молитвата,
дойде при учениците и ги намери заспали от скръб;
и им каза: Защо спите? Станете и се молете,
за да не паднете в изкушение."

Лука 22:39-46

Божиите деца постигат спасение и имат право да получат от Бога всичко, за което се молят с вяра. Ето защо четем в Матей 21:22: *„И всичко, което поискате в молитва, като вярвате, ще получите."*

Въпреки това, много хора се чудят защо не получават Божиите отговори след молитва, питат се дали молитвата им е достигнала Бога или се съмняват дали изобщо Бог я е чул.

Така, както е необходимо да познаваме правилните методи и маршрути за безопасно пътуване в определена дестинация, можем да получим Неговите отговори само когато се запознаем с подходящите методи и посоки на молитвата. Молитвата сама по себе си не гарантира изпълнението на желанията ни; трябва да научим закона на духовното царство за Неговите отговори и да се молим в съответствие с този закон.

Нека да разгледаме закона на духовното царство за Божиите отговори и връзката му със седемте Духа на Бога.

1. Закона на духовното царство за Божиите отговори

Молитвата представлява молба към всемогъщия Бог за нещата, които желаем и от които се нуждаем и затова можем да получим Неговите отговори, само когато Го молим в съответствие със закона на духовното царство.

Човек няма да получи Божиите отговори, независимо от размера или степента на неговите усилия на основата на мислите, методите, славата и познанията му.

Бог е праведен съдия (Псалми 7:11), чува нашата молитва и й отговаря и затова изисква от нас подобаваща сума в замяна на Неговите отговори. Божиите отговори на молитвата ни могат да се сравнят с покупката на месо от месаря. Подобно на неговия кантар, Бога измерва дали един човек да получи Божиите отговори според закона на духовното царство.

Представете си, че сте отишли до месаря да си купите два килограма говеждо месо. Ние казваме какво количество искаме, месарят претегля месото и проверява дали тежи два килограма. Ако месото на кантара наистина тежи два килограма, месарят получава от нас съответната сума пари за това количество, завива месото и ни го дава.

По същия начин, когато Бог отговаря на молитвата ни, Той винаги получава от нас нещо в замяна, което да гарантира Неговите отговори. Това е законът на духовното царство за Божиите отговори.

Бог чува молитвата ни, приема от нас нещо с подобаваща стойност и след това ни отговаря. Ако човек все още не е получил Божиите отговори на молитвата си, това е защото все още не е представил на Бог подходяща сума за тях. Тъй като сумата, необходима за получаването на Неговите отговори, варира в зависимост от съдържанието на молитвата ни, човек трябва да се моли и да събере необходимата сума докато получи вярата, която да му доведе Божиите отговори. Бог познава сумата, която изисква от нас, дори и ние да не я познаваме точно. Следователно, като обръщаме специално внимание на гласа на Светия дух, ние трябва да се молим на Бога за някои неща с тържествена вечерна молитва, за други неща – с молитва през сълзи и за трети неща – с благодарствени дарения. Подобно дело акумулира сумата, необходима за получаване на Божиите отговори, защото Той ни дава такава вяра, с която можем да вярваме и ни благославя с Неговите отговори.

Дори двама души да седят един до друг и да започнат едновременно да се молят, единият веднага получава Божиите отговори след като започне да се моли, а другият не може да ги получи дори и след като завърши молитвата. Какво обяснение можем да намерим за това различие?

Бог е мъдър и планира всичко предварително, затова веднага ще отговори на молбата на един човек, чието сърце го кара да продължи да се моли до края на молитвената служба. Въпреки това, ако човек не може да получи Божиите отговори на проблем, който среща в момента, това е защото не е успял да представи на Бога цялата сума, съответстваща на Неговите отговори. Когато дадем обет да се молим за определено време, трябва да знаем, че Бог ръководи сърцата ни така, че да получи съответния размер молитви за Неговите отговори. Следователно, ние няма да получим Неговите отговори ако не успеем да съберем сумата.

Например, ако един човек се моли за своята бъдеща съпруга, Бог търси за него подходяща булка и се подготвя, за да действа за неговото добро във всички сфери. Това не означава, че подходящата булка се появява пред очите му още преди да е станал пълнолетен, само защото се е молил за нея. Бог отговаря на онези, които вярват, че са получили Неговите отговори и ще разкрие делото Си на хората, когато Той реши. Въпреки това, когато молитвата на един човек не съответства на волята Му, той няма да получи Божиите отговори независимо от размера на молитвата. Бог няма да му отговори ако същият човек търси и се моли за определени качества на своята бъдеща булка като: образование, външност, богатство, слава и т.н. – с други думи, молитва, изпълнена с алчност, породена от неговото съзнание.

Дори и двама души да се молят на Бога с един и същи проблем, степента на тяхната святост и степента на вярата им са различни, затова и Бог получава различна по размер молитва (Откровение 5:8). Единият може да получи Божиите отговори за един месец, докато другият за един ден.

Освен това, колкото по-голямо е значението на Божиите отговори на молитвата, толкова по-голям трябва да бъде размерът ѝ. Според закона на духовното царство, по-големият съд ще бъде тестван повече и ще бъде третиран като златото, докато по-малкият съд ще бъде тестван по-леко и Бог ще го използва по-малко. Следователно, никой не трябва да съди другите, да обсъжда: „Виж всичките му затруднения въпреки неговата праведност!" и да разочарова Бог по какъвто и да е начин. Сред нашите праотци на вярата, Моисей бил подложен на изпитания в продължение на четиридесет години и Яков – в продължение на двадесет години и ние знаем колко подходящ съд станал всеки един в очите на Бога и бил използван за Неговата велика цел след понасянето на съответните им изпитания. Замислете се за процеса, в който се създава и тренира един национален отбор по футбол. Ако уменията на един играч са достатъчни, за да бъде вписан в отбора, той може да представлява страната едва след известно време и усилия, инвестирани в тренировки.

Независимо дали молим Бога за нещо малко или голямо, ние трябва да разчувстваме сърцето Му, за да получим Неговите отговори. В молитвата за нещо, което искаме, Бог ще бъде разчувстван и ще ни отговори, когато Му предоставим подходящи молитви, пречистим сърцата си, за да няма стена от грях между нас и Бога и Му покажем благодарност, радост, дарения и други подобни като израз на вярата ни в Него.

2. Връзката между закона на духовното царство и седемте духа

Както вече разгледахме с по-горната метафора за месаря и неговия кантар, Бог измерва размера на молитвата на всеки от нас безпогрешно и решава дали човек е натрупал достатъчно голяма сума молитви според закона на духовното царство. Докато повечето хора съдят за определен обект само според това, което виждат очите им, Бог прави точна оценка със седемте духа (Откровение 5:6). С други думи, човек получава Божиите отговори на молитвата си, когато е обявен за подходящ от седемте духа.

Какво измерват седемте духа?

Първо, седемте духа измерват вярата на човека.

Вярата може да бъде „духовна" и „физическа." Видът на вярата, която измерват седемте духа не е вярата като знание – физическа вяра – а духовната вяра, която е жива и придружена от дела (Яков 2:22). Например, в Марко 9 има сцена, в която пред Исус застанал бащата на едно дете, което онемяло, защото било обзето от демони (Марко 9:17). Бащата казал на Исус: „Вярвам, Господи! Помогни на моето неверие!" Бащата признавал своята физическа вяра с думите: „Вярвам, Господи!" и Го помолил за духовна вяра: „Помогни на моето неверие!" Исус веднага отговорил на бащата и излекувал момчето (Марко 9:18-27).

Не е възможно да удовлетворим Бога без вяра (Евреи 11:6). Можем да изпълним желанията на сърцата ни чрез вярата, която Го удовлетворява. Следователно, вярата ни все още не е съвършена ако ние не получаваме Божиите отговори, дори и да ни е казал: *„Ще бъде сторено според вярата ви"* (Матей 8:13).

Второ, седемте духа измерват радостта на човека.

1 Солунци 5:16 гласи винаги да се радваме и това е Божията воля за нас. Много християни в днешно време са обхванати от тревожност, страх и притеснение вместо да бъдат радостни в трудни времена. Те винаги могат да изпитват радост, независимо от ситуацията, в която се намират, ако истински вярват в живия Бог от все сърце. Могат да изпитват радост в страстната надежда за небесното царство, а не за този свят, през който минават за кратко време.

Трето, седемте духа измерват молитвата на човека.

Бог ни казва да се молим без да спираме (1 Солунци 5:17) и обещава да даде на онези, които Го молят (Матей 7:7), затова е нормално да получим от Бога това, което искаме в молитвата ни. Бог е удовлетворен, когато се молим редовно (Лука 22:39) и коленичим според волята Му. С такава нагласа и в тази позиция, ние естествено ще се молим на висок глас на Бога от все сърце и молитвата ни ще бъде с вяра и любов. Не трябва да се молим само, когато искаме нещо или сме натъжени и говорим несвързано в молитвата, а да правим това според Божията воля (Лука 22:39-41).

Четвърто, седемте духа измерват степента на благодарност.

Бог ни е заповядал да благодарим за всичко (1 Солунци 5:18) и всеки вярващ трябва да прави това от все сърце. Как бихме могли да не сме благодарни, след като Той ни е отклонил от пътя на унищожението, за да тръгнем по пътя към вечния живот? Трябва да бъдем благодарни за срещата ни с Бог, когато Го търсим и за Неговия отговор, когато Го питаме. Освен това, трябва да бъдем благодарни дори и да срещнем затруднения по време на нашия кратък живот на този свят, защото надеждата ни е устремена към вечното небесно царство.

Пето, седемте духа измерват дали спазваме Божиите заповеди.

1 Йоаново 5:2 гласи: *„По това познаваме, че обичаме Божиите чеда, когато обичаме Бога и изпълняваме Неговите заповеди"* и Божиите заповеди не са тежки (1 Йоаново 5:3). Обичайната молитва на колене и виканeто на висок глас в молитвата представлява любовта, която произтича от вярата. Човек ще се моли в съответствие с Божието слово чрез вярата и любовта си към Него.

Много хора се оплакват от липсата на Божиите отговори, когато се обръщат на запад, макар и Библията да им казва: „Обърнете се на изток." Всичко, което трябва да направят, е да вярват в това, което им казва Библията и да го спазват. Те бързо пренебрегват Божието слово, преценяват всяка ситуация според собствените си мисли и теории и се молят за собствена полза, затова Бог отвръща от тях лицето си и не им отговаря. Представете си, че сте обещали на ваш приятел да го срещнете на една железопътна гара в Ню Йорк, но след това сте осъзнали, че предпочитате автобуса пред влака и сте се качили на автобуса до Ню Йорк. Никога няма да срещнете вашия приятел, независимо колко дълго чакате на гарата. Не може да твърдите, че се подчинявате на Бога ако вървите на запад, въпреки че е казал „Вървете на изток." Трагично и сърцераздирателно е, че толкова много християни вярват по този начин. Това не е нито вяра, нито любов. Естествено е да спазваме Божиите заповеди ако твърдим, че обичаме Бога (Йоан 14:15; 1 Йоаново 5:3).

Любовта към Бога ще ви подбуди да се молите още по-ревностно и страстно. Това от своя страна ще доведе до спасението на душите, до покръстването на хората и до постигането на Божието царство и праведност. Душата ви ще просперира и ще получите силата на молитвата. Ще бъдете благодарни и няма да се тревожите, когато получавате отговор и възхвалявате Бога и защото вярвате, че всичко това ще бъде възнаградено на небето. По този начин, напълно естествено е за нас да спазваме Десетте заповеди, най-важното в шестдесет и шестте книги на Библията, ако проповядваме нашата вяра в Бога.

Шесто, седемте духа измерват праведността на човека.

Бог иска да бъдем праведни не само в определена област, но и в целия Му дом. Освен това, както е записано в 1 Коринтяни 4:2: *„А това, което тук се изисква от настойниците, е всеки да се намери верен."* Правилно е за хората с отдадени от Бога задължения да молят Бога да им даде сили, за да бъдат праведни във всичко и да вдъхват доверие в хората около тях. Те трябва да бъдат праведни в дома и в работата и предаността им да бъде постигната в истината като се стремят да бъдат безгрешни във всичко, в което участват.

Седмо и последно, седемте духа измерват любовта на човека.

Дори и човек да отговаря на изискванията на шестте стандарта, посочени по-нагоре, Бог ни казва, че ние сме „нищо" без любов, а „кимвал, който дрънка" и че любовта е най-велика сред вярата, надеждата и любовта. Освен това, Исус изпълнил закона с любов (Римляни 13:10) и за нас е правилно като Негови деца да се обичаме по между си.

Първо трябва да отговаряме на стандартите на седемте духа, за да получим Божиите отговори на молитвата ни. Това означава ли, че новите вярващи, които още не познават истината, не могат да получат Божиите отговори?

Представете си едно малко дете, което още не може

да говори и един ден произнася съвсем ясно: „Мамо!" Родителите му ще бъдат изключително доволни и ще му дадат всичко, което желае.

В същия смисъл, седемте духа измерват всяко равнище на вярата и отговарят подобаващо. Следователно, Бог е развълнуван и доволен да отговори на начинаещия вярващ, когато показва дори малко вяра. Бог е разчувстван и радостен да отговори, когато вярващите на второто или третото равнище на вярата са добили подобаващата им се увереност. Вярващите на четвъртото или петото равнище на вярата живеят според Божията воля, молят се правилно, веднага са одобрени според критериите на седемте духа и по-бързо получават Божиите отговори.

Най-общо казано, колкото на по-високо равнище на вярата се намира човек – което означава, че познава по-добре закона на духовното царство и живее според него – толкова по-бързо получава Божиите отговори. Защо начинаещите във вярата често получават по-бързо Божиите отговори? Чрез благословията, която получава от Бога, начинаещият вярващ е изпълнен със Светия дух и отговаря на критериите на седемте духа, затова получава по-бързо Божиите отговори.

Въпреки това, той навлиза все повече в истината, става ленив и постепенно загубва първата любов докато страстта, която някога е притежавал, изстива и се появява тенденцията на „импровизация според случая."

В нашия плам за Бога, нека бъдем подходящи според критериите на седемте духа като живеем ревностно според истината, получаваме от нашия Баща всичко, което искаме в молитва и водим благословен живот, в който Го възхваляваме!

Глава 4

Разрушете стената от грях

„Ето, ръката на Господа не се е скъсила,
за да не може да спаси, нито ухото Му е затъпяло,
за да не може да чува;
но вашите беззакония са ви отлъчили от вашия Бог
и вашите грехове са скрили лицето Му от вас,
и Той не иска да чува."

Исая 59:1-2

Бог казва на Своите деца в Матей 7:7-8: *„Искайте и ще ви се даде; търсете и ще намерите; хлопайте и ще ви се отвори; защото всеки, който иска, получава; който търси, намира; и на този, който хлопа, ще се отвори."* и обещава да отговори на молитвата им. Защо тогава много хора не успяват да получат Божиите отговори на своята молитва въпреки Неговото обещание?

Бог не чува молитвата на грешниците и отвръща от тях лицето Си. Той не е способен също да отговори на молитвата на хората, които са изградили стена от грях между тях и Бога. Следователно, най-важното трябва да бъде разрушаването на стената от грях, изправена между нас и Бога, за да можем да се радваме на добро здраве, всичко да ни върви добре и душата ни да просперира.

Чрез изследването на различни елементи, участващи в изграждането на стената от грях, аз призовавам всеки от вас да стане Божие благословено дете, което се разкайва за греховете си ако има стена от грях между него и Бога, получава всичко, което иска от Него в молитвите си и Го възхвалява.

1. Разрушете стената от грях за това че не вярвате в Бога и не приемате Господ за ваш спасител

Библията казва, че е грехота за всички да не вярват в Бога

и да не приемат Исус Христос за свой Спасител (Йоан 16:9). Много хора казват: „Безгрешен съм, защото водих добър живот", но в духовното си невежество, те се изказват по този начин без да осъзнават природата на греха. Божието слово не се съдържа в сърцата им, тези хора не познават разликата между правилното и грешното и не отличават доброто от злото. Освен това, те могат убедено да твърдят, че са праведни без да познават праведността, ако по критериите на този свят чуват: „Не си толкова лош." Независимо колко добър живот човек счита, че е водил, когато погледне назад в миналото в светлината на Божието слово след като приеме Исус Христос, той открива, че животът му изобщо не е бил „добър." Така е, защото осъзнава, че най-тежкият грях от всички е да не вярва в Бога и да не приема Исус Христос. Бог е задължен да отговори на молитвата на хората, които са приели Исус Христос и са станали Негови деца, докато Божиите деца имат право да получат отговори на молитвите си според Неговото обещание.

Причината, заради която Божиите деца – които вярват в Него и са приели Исус Христос като свой Спасител – не са способни да получат отговори на молитвите си е, защото не са успели да забележат съществуването на стената, издигната от техните грехове и злини и разположена между тях и Бога. Ето защо Бог отвръща от тях лицето Си и не отговаря на молитвите им, дори и когато постят или стоят будни по цяла нощ, за да се молят.

2. Унищожете греха от липсата на обич един към друг

Бог желае Неговите деца да се обичат взаимно (1 Йоаново 4:11) и ни казва да обичаме дори враговете си (Матей 5:44), затова омразата към братята ни вместо да ги обичаме е неподчинение на Божието слово и представлява грях.

Исус Христос представил любовта Си чрез разпъването на кръста за хората, които били обхванати от грехове и злини, затова е редно да обичаме нашите родители, братя и деца. Освен това, за Бог е тежък грях да изпитваме такива повърхностни емоции като омраза и нежелание да си простим взаимно. Бог не ни е заповядал да Му покажем такава любов, с която Исус умрял на кръста, за да откупи хората от греховете им; Той просто иска от нас да превърнем омразата в прошка към другите. Защо това е толкова трудно?

Бог обявява, че всеки, който мрази брата си е „убиец" (1 Йоаново 3:15), че нашият Баща ще се отнася с нас по същия начин ако не простим на братята си (Матей 18:35) и ни призовава да изпитваме любов и да избягваме да роптаем един против друг, за да не бъдем съдени (Яков 5:9).

Светият дух живее във всеки от нас, затова с любовта на Исус Христос, който бил разпънат на кръст и ни изкупил от греховете в миналото, в настоящето и в бъдещето, можем да обичаме всички хора, когато се разкаем пред Него, когато тръгнем в правия път и получим прошката Му. Въпреки това, хората на този свят не вярват в Исус Христос и за тях няма прошка дори и да се разкаят. Те не са способни да обичат истински без ръководството на Светия дух.

Дори и вашият брат да ви мрази, трябва да притежавате такова сърце, с което да отстоявате истината, да го разбирате, да му прощавате и да се молите за него с любов, за да не станете и вие грешници. Ние съгрешаваме пред Бога, загубваме пълнотата на Светия дух, ставаме прокети и глупави и прекарваме всичките си дни в съжаление ако мразим братята си вместо да ги обичаме. В тези случаи не трябва да очакваме Бог да отговори на молитвата ни.

Само с помощта на Светия дух можем да започнем да обичаме, да разбираме, да прощаваме на братята си и да получаваме от Бога всичко, което искаме в молитвите си.

3. Разрушаване на стената от грях от неспазването на Божиите заповеди

В Йоан 14:21 Исус ни казва: *„Който има Моите заповеди и ги пази, той Ме обича; а който Ме обича, ще бъде възлюбен от Моя Отец и Аз ще го възлюбя, и ще му се явя лично."* Поради тази причина 1 Йоаново 3:21 гласи: *„Възлюбени, ако нашето сърце не ни осъжда, имаме дръзновение спрямо Бога."* С други думи, Бог няма да изпълни молитвата ни ако е издигната стена от грях заради нашето неподчинение на Божиите заповеди. Само когато Божиите деца спазват заповедите на своя Баща и правят това, което Му е угодно, могат да искат от Него, каквото желаят с увереност, че ще получат всичко, за което се молят.

1 Йоаново 3:24 ни напомня: *"И който пази Неговите заповеди, пребъдва в Бога и Бог – в него; и по това познаваме, че Той пребъдва в нас – по Духа, който ни е дал."* Подчертава се, че можем да получим всичко, за което се молим и животът ни ще е изпълнен с успех само, когато сърцата ни са изпълнени с истината, посветили сме ги изцяло на Господ и живеем под ръководството на Светия дух.

Например, душата на един човек ще преуспява и той ще бъде благословен всичко да му върви добре ако в сърцето си има стотина стаи, които отдава на Бога. Въпреки това, той няма да получава винаги Божиите отговори, ако предостави на Господ половината стаи и запази останалите за себе си, защото Светият дух ще го ръководи само в една част от времето, а в останалото време ще се моли на Бог в мислите си или според сладострастните си желания на плътта. Господ живее във всеки от нас и ни дава сили да избегнем или да преодолеем препятствията. Показва ни посоката за спасение от долината на сенките, действа за нашето добро във всички неща и ни води по пътя към успеха.

Ние живеем в Бог и Той живее в нас и трябва да Го

възхваляваме докато получаваме всичко, което искаме в молитвите си, когато Го удовлетворяваме чрез спазването на Неговите заповеди. Нека разрушим стената от грях, издигната от неподчинението на Божиите заповеди, да започнем да ги спазваме, да станем уверени пред Бога и да Го възхваляваме като получаваме всичко, за което се молим.

4. Разрушете стената от грях, издигната от молитвите за вашите страстни желания

Бог казва да правим всичко в живота за възхвалата Му (1 Коринтяни 10:31). Ние искаме да задоволим нашите страсти и желания на плътта и не можем да получим Божиите отговори ако се молим за нещо друго, различно от славата Му (Яков 4:3).

От една страна, ако търсите материални благословии за Божието царство и Неговата праведност, облекчението на бедните и спасението на душите, ще получите Божиите отговори, защото всъщност търсите славата Му. От друга страна, ако търсите материални благословии с надеждата да се хвалите пред вашия брат, който ви упреква: „Как можеш да бъдеш беден щом ходиш на църква?", вие в действителност се молите според злото, за да задоволите страстните си желания и няма да получите отговор на молитвата ви. Дори и на този свят, родителите, които истински обичат детето си, няма да му дадат сто долара, за да ги изразходва по магазините. По същия начин, Бог не иска децата Му да тръгнат по грешния път и поради тази причина не отговаря на всичките им молби.

1 Йоаново 5:14-15 гласи: *„И дръзновението, което имаме пред Него, е това, че ако просим нещо по Неговата воля, Той ни слуша; и ако знаем, че ни слуша, за каквото и да попросим, знаем, че получаваме това, което сме просили от Него."* Ще получим всичко, което искаме в молитвите си, само когато отхвърлим нашите страстни желания и се молим според Божията воля и за славата Му.

5. Разрушете стената от грях, издигната от съмнението в молитвата

Бог е доволен, когато му представим вярата си и затова не е възможно да удовлетворим Бога без вяра (Евреи 11:6). Дори и в Библията можем да намерим много примери, в които Божиите отговори достигат хората, които са Му показали вярата си (Матей 20:29-34; Марко 5:22-43, 9:17-27, 10:46-52). Хората били упреквани за своята „слаба вяра", макар и да били ученици на Исус, когато не успявали да покажат своята вяра в Бога (Матей 8:23-27). Дори и неевреите били хвалени, когато хората представяли голямата си вяра в Бога (Матей 15:28).

Бог упреква онези, които не са способни да вярват и вместо това изпитват дори и малко съмнение (Марко 9:16-

29). Не трябва да мислим, че ще получим нещо от Бога ако не сме напълно сигурни в молитвите си (Яков 1:6-7). С други думи, не можем да очакваме да получим Божиите отговори ако молитвата ни е изпълнена със съмнения, дори и да постим и да се молим през нощта.

Освен това, Бог ни напомня: *"Истина ви казвам: Който каже на тази планина: Вдигни се и се хвърли в морето, и не се усъмни в сърцето си, а повярва, че онова, което казва, се сбъдва – ще му стане. Затова ви казвам: Всичко, каквото поискате в молитва, вярвайте, че сте го получили, и ще ви се сбъдне"* (Марко 11:23-24).

"Бог не е човек, за да лъже, нито човешки син, за да се разкае; Той каза и няма ли да извърши? Той говори и няма ли да го приведе в действие?" (Числа 23:19) Ето защо, Бог наистина отговаря на молитвата на всички онези, които вярват и се молят за Неговото величие. Хората, които обичат Бога и притежават вяра, вярват и търсят Божието величие и затова им е казано да се молят за всичко, което желаят. Те могат да възхваляват Бога, защото вярват, молят се и получават отговори на всичко, което искат. Нека се освободим от съмнения и само да вярваме, да се молим и да получаваме от Бога, за да можем да Го възхваляваме от все сърце.

6. Разрушете стената от грях, издигната защото не сте посяли пред Бога

Бог е установил закона на духовното царство като Управител на вселената и ръководи всичко в строг ред като праведен Съдия.

Цар Дарий не успял да спаси от клетката на лъва своя любим слуга Данаил, защото, макар и цар, той не можел да наруши закона, който сам постановил. По същия начин, всичко във вселената протича систематично под контрола на Бога и Той не може да не спазва установения от Него закон на духовното царство. Следователно, „Бог не е за подиграване" и позволява на човек да пожъне, каквото си е посял (Галатяни 6:7). Ако човек посява молитва, ще получи духовни благословии; ако посее времето си, ще получи благословиите за добро здраве; ако посее дарения, Бог го пази далеч от беди в работата, бизнеса и в дома и му дава още повече материални блага.

Бог отговаря на молитвата ни и ни дава, каквото искаме, когато посяваме пред Него по различни начини. Чрез усърдното посяване пред Бога, нека не само да пожънем обилни плодове, но и да получим всичко, за което се молим в молитвите си.

В допълнение към шестте стени от грях, споменати по-нагоре, „грехът" включва такива желания и дела на плътта като порочност, завист, гняв, ярост и гордост, липсата на борба срещу греха до проливането на кръв и отсъствието на страст за Божието царство. Чрез научаването и разбирането на различни фактори, съставляващи стена, изправена между нас и Бога, нека разрушим стената от грях, да получаваме винаги Божиите отговори и да Го възхваляваме. Всички ние трябва да станем вярващи, които да се радваме на добро здраве, всичко с нас да върви добре и душата ни да преуспява.

Въз основа на Божието слово в Исая 59:1-2, разгледахме редица фактори, които представляват стена, издигаща се между нас и Бога. Нека всеки от вас да стане Божие благословено дете, което първо разбира природата на тази стена, радва се на добро здраве, успява във всичко докато душата му просперира и възхвалява неговия небесен Баща като получава всичко, което желае в молитвите, моля се в името на Исус Христос!

Глава 5

Ще пожънете,
каквото сте посяли

„А това казвам,
че който сее оскъдно, оскъдно и ще пожъне;
а който сее щедро, щедро и ще пожъне.
Всеки да дава, според както е решил в сърцето си,
без да се скъпи и не от принуждение;
защото Бог обича онзи,
който дава на драго сърце."

2 Коринтяни 9:6-7

Всяка есен можем да видим изобилието от златни вълни от стъблата на зрял ориз на полето. Ние знаем, че за добиването на тази реколта е бил необходим земеделски труд и всеотдайност от посаждането на семената до обогатяването на растенията през пролетта и лятото.

Земеделецът, който има обширно поле и е посял голямо количество семена, трябва да се труди повече от земеделеца, който е посял по-малко количество. Той работи по-старателно и по-усърдно, воден от надеждата да пожъне по-голяма реколта. Така, както природният закон гласи, че „Човек ще пожъне това, което е посял", трябва да знаем, че законът на Бога, който е Собственик на духовното царство, следва същия принцип.

Някои съвременни християни продължават да се молят на Бога, за да изпълни желанията им, без нищо да засаждат, докато други се оплакват, че не им отговаря въпреки многобройните им молитви. Бог желае да даде на децата си преизпълващи благословии и да отговори на всичките им проблеми, но хората често не могат да раберат закона за сеитбата и жътвата и затова Бог не изпълнява желанията им.

На основата на природния закон, който гласи „Човек ще пожъне това, което е посял", нека разберем какво трябва да посеем и как трябва да го направим, за да получаваме винаги Божиите отговори и да възхваляваме Бог безрезервно.

1. Първо трябва да се обработи полето

Преди да посее семената, земеделецът трябва да обработи полето, на което ще засажда. Той отстранява камъните, подравнява земята и създава среда и условия за правилното израстване на семената. Дори и пустата земя може да се превърне в плодородна почва според усърдието и всеотдайността на земеделеца.

Библията сравнява сърцето на всеки човек с полето и го категоризира в четири различни типа (Матей 13:3-9).

Първият вид е „полето, отстрани на пътя."

Полето, което е отстрани на пътя, има твърда почва. Човек с такова сърце ходи на църква, но не отваря вратата на сърцето си, дори и след като чуе словото. Ето защо, той не е способен да познае Бога и поради липса на вяра, не може да се просвети.

Вторият вид е „скалистото поле."

На това скалисто поле има камъни и семената не могат да поникнат добре. Човек с такова сърце познава словото само като знание и вярата му не е придружена от дела. На него му липсва убедеността на вярата и той бързо попада в процес на изпитания и страдания.

Третият вид е „полето с тръни."

На това поле не могат да се пожънат добри плодове,

защото растат тръни и задушават растенията. Човек с такова сърце вярва в Божието слово и се опитва да живее според него. Той не действа според Божията воля, а според желанията на плътта. Поникването на словото, посято в сърцето му, е засегнато от изкушението за богатства и печалби или от светски грижи и не може да роди плодове. Той не е способен да разчита на „невидимия" Бог и така е склонен бързо да въвлече своето собствено съзнание и мнение, въпреки че се моли. Бог може да го наблюдава само отдалеч и той престава да изпитва Божията сила.

Четвъртият вид е „плодородната почва."

Вярващият с такова добро поле казва само „Амин" на всичко, което представлява Божието слово и се подчинява с вяра без да въвлича собствените си мисли или изчисления. Семената в такава добра почва растат добре и раждат тридесет, шестдесет или сто пъти повече плодове от посадените.

Исус казвал само „Амин" и бил предан на Божието слово (Филипяни 2:5-8). По същия начин, човекът, чието сърце има „плодородна почва" е безусловно предан на Божието слово и живее според него. Той е радостен при всички обстоятелства ако словото Му казва винаги да изпитва радост и се моли непрестанно ако словото Му казва да го прави. Този, който притежава сърце с „плодородна почва", може винаги да общува с Бога, да получава всичко, което желае в молитвите си и да живее според волята Му.

Винаги можем да превърнем едно поле в плодородна почва, независимо с каква земя разполагаме понастоящем. Можем да разорем каменистите полета и да отстраним камъните, да изкореним тръните и да обогатим всички полета.

Как можем да обогатим сърцата си и да ги превърнем в „плодородна почва"?

Първо, трябва да почитаме Бога духом и в истината.
Трябва да отдадем на Бога цялото си съзнание, воля, всеотдайност и сила и с любов да Му предложим сърцата си. Само тогава ще се намираме в безопасност от блуждаещи мисли, умора и сънливост и ще можем да превърнем сърцата си в плодородна почва чрез силата, която идва отгоре.

Второ, трябва да отхвърлим греховете дори и с цената на кръвта.
Сърцето ни постепенно ще се превърне в добра почва, когато изцяло спазваме Божието слово, включително всички заповеди „Направи това" и „Не прави онова" и живеем според тях. Например, когато завистта, ревността, омразата и други подобни са разкрити, сърцето ни може да се превърне в добра почва само чрез страстна молитва.
Вярата ни ще расте още повече и всичко ще бъде наред с Божията любов според степента, в която изследваме

и старателно обогатяваме полето на сърцето ни. Трябва усърдно да обработваме земята си, защото колкото повече спазваме Божието слово, толкова повече расте нашата духовна вяра. Колкото повече расте духовната ни вяра, толкова „по-плодородна почва" ще притежаваме. Ето защо трябва още по-старателно да обогатяваме сърцето си.

2. Трябва да бъдат посяти различни семена

След обогатяване на земята, земеделецът започва да засажда семена. Така, както поемаме разнообразна и балансирана храна, за да бъдем в добро здраве, земеделецът засажда и отглежда различни семена като ориз, пшеница, зеленчуци, боб и др.

Трябва да посеем множество различни семена пред Бога. „Сеитбата" в духовен смисъл се отнася за спазването на онези Божии заповеди, които ни казват какво „Да правим." Например, Бог ни казва винаги да се радваме и затова можем да посяваме с нашата радост, която произлиза от надеждата ни за небето. Бог е доволен от нея и изпълнява желанията на сърцето ни (Псалми 37:4). Той ни казва да „Проповядваме евангелието" и ние трябва старателно да го правим. Бог ни казва „Да се обичаме помежду си", „Да бъдем праведни", „Да благодарим и да се молим" и ние трябва да спазваме точно, каквото ни е казано.

Изпълнението на Божието слово, като отдаването на

десятък и спазването на свещения Божи ден, представляват акт на сеитба за Бога; посятото може да напъпи, да израстне, да разцъфти и да роди обилни плодове.

Бог не приема усилията ни ако сеем оскъдно, неохотно или по принуда. Така, както земеделецът посява семената си с надеждата за добра реколта през есента, ние също трябва да вярваме с вяра и да устремим погледа си към Бога, който ни благославя да пожънем тридесет, шестдесет и сто пъти повече, отколкото сме посяли.

Евреи 11:6 гласи: „*А без вяра не е възможно да се угоди на Бога, защото който идва при Бога, трябва да вярва, че има Бог и че Той възнаграждава тези, които Го търсят.*" Можем да пожънем обилна реколта на този свят и да натрупаме възнаграждения на небесното царство, когато се доверяваме на словото Му, обръщаме се към нашия Бог, който ни възнаграждава и посяваме пред Него.

3. За полето трябва да се полагат грижи с постоянство и посвещение

След като посее семената, земеделецът се грижи за полето с изключителна грижа. Той полива растенията, изкоренява плевелите и унищожава насекомите. Растенията може да поникнат и без такива постоянни усилия, но ще изсъхнат и ще умрат преди да родят плодове.

В духовен смисъл, „водата" се отнася за Божието слово.

Както Исус казва в Йоан 4:14: *„а който пие от водата, която Аз ще му дам, няма да ожаднее довека; но водата, която ще му дам, ще стане в него извор на вода, която извира за вечен живот."* Водата символизира вечния живот и истината. „Хващането на насекоми" символизира опазването на Божието слово, посадено в полето на сърцето ни срещу врага-дявол. Сърцето ни може да се поддържа изпълнено с почит, възхвала и молитва, дори и врагът-дявол да се намеси в нашата работа на полето.

„Изкореняването на бурените" представлява процесът, в който отхвърляме такива пороци като ярост, омраза и други подобни. Яростта се изкоренява, докато поника семето на кротостта и омразата се изкоренява докато поника семето на любовта, когато се молим усърдно и се стремим да отхвърлим гнева и омразата. Можем да пораснем като Божии деца, когато пороците ни са изкоренени и е хванат дяволът, който се намесва.

Важен фактор за обработване на полето след посяване на семената е търпеливото очакване на подходящо време. Семената лесно могат да изгният ако земеделецът прокопава земята скоро след посяването им, за да види дали са поникнали. Необходимо е голямо постоянство и посвещение до получаването на реколтата.

Всяко семе изисква различен срок за получаването на реколта. Пъпешът или динята могат да родят плод за по-малко от година, но ябълката и крушата се нуждаят от няколко години. Земеделецът, който отглежда женшен ще се радва много повече от този, който отглежда дини, защото цената на женшена, който е отглеждан с години не може да се сравнява с тази на дините, които узряват за по-кратко време.

В същия смисъл, понякога сме способни да получим веднага Неговите отговори и да пожънем реколтата, когато сеем пред Бога според словото Му, но друг път е необходимо повече време. Както ни напомня Галатяни 6:9: *„Да не ни дотяга да вършим добро; защото ако не се уморяваме, своевременно ще пожънем."* Трябва да се грижим за полето с постоянство и посвещение до получаване на реколтата.

4. Ще пожънете, каквото сте посяли

Исус казва в Йоан 12:24: *„Истина, истина ви казвам: Ако житното зърно не падне в земята и не умре, то си остава само; но ако умре, дава много плод."* Според Неговия закон, Богът на справедливостта посадил Исус Христос, Своя единствен Син като изкупителна жертва на човечеството и Му позволил да стане пшенично зърно, да падне и да умре. Исус родил плодове чрез смъртта Си.

Законът на духовното царство е подобен на природния закон, който гласи: „Ще пожънете, каквото сте посяли" и не може да се нарушава. Галатяни 6:7-8 казва изрично: *„Недейте се лъга; Бог не е за подиграване: понеже* каквото посее човек, това и ще пожъне. *Защото който сее за плътта си, от плътта си ще пожъне тление, а който сее за Духа, от Духа ще пожъне вечен живот.*"

Земеделецът може да пожъне някои реколти по-рано от другите и да продължи да засява докато жъне, в зависимост от вида на семената. Получената реколта ще бъде по-голяма, колкото повече земеделецът засява и се грижи старателно за полето си. В същия смисъл, ще пожънем това, което сме си посяли дори и в отношението ни с Бога.

С висшата сила ще живеете според Божието слово и душата ви ще просперира ако сеете молитва и възхвала. Всички болести ще ви напуснат и ще получавате физически и духовни благословии ако предано се трудите за Божието царство. Бог ще ви даде по-големи материални благословии, които да използвате за Неговото царство и праведност ако засаждате старателно с вашите материални притежания, десятъците и благодарствените дарения.

Нашият Господ, който награждава всеки човек според направеното, казва в Йоан 5:29: „*И ще излязат: онези, които са вършили добро, ще възкръснат за живот, а които са вършили зло, ще възкръснат за осъждане.*" Ето защо, трябва да живеем според Светия дух и да вършим добро в живота си.

Човек ще пожъне само краткотрайните плодове от този свят ако не посява за Светия дух, а за собствените си желания. Вие също ще бъдете измервани и съдени според Божието слово ако премервате и осъждате другите, както гласи Матей 7:1-2: *„Не съдете, за да не бъдете съдени. Защото с каквото отсъждане съдите, с такова ще ви съдят; и с каквато мярка мерите, с такава ще ви се мери."*

Бог ни простил за всички грехове, които сме извършили преди приемането на Исус Христос. Въпреки това ще получим отплата, дори и да ни бъде простено чрез разкаянието, ако съгрешаваме след като сме научили за истината и за греховете.

Според закона на духовното царство, ще пожънете плодовете на вашите прегрешения и ще понесете времена на изпитания и страдания ако сте посяли грях.

Когато любимият на Бога Давид съгрешил, Бог му казал: *„Защо ти презря словото на Господа и извърши зло пред очите Му?* и *„Ето, от твоя дом ще повдигна против тебе злини"* (2 Царе 12:9; 11). Давид се разкаял с думите: *„Съгреших пред Господа"* и бил простен за греховете си, но Бог поразил детето, което Уриевата жена му родила (2 Царе 12:13-15).

Трябва да живеем според истината и да вършим добро, да не забравяме, че във всички начинания ще пожънем това, което сме посяли, да посяваме за Светия дух, да получим вечен живот и винаги да заслужаваме Божиите всеизпълващи благословии.

В Библията има много хора, които удовлетворили Бога и след това получили Неговите щедри благословии. Жената в Сунам винаги се отнасяла с изключително уважение и учтивост към Божия човек Елисей и той й гостувал всеки път, когато идвал в района. Тя споделила с мъжа си идеята да му приготвят стая за гости; подредила стаята за пророка, поставила легло, маса, стол и лампа и поканила Елисей да отсяда в къщата й (4 Царе 4:8-10).

Елисей се трогнал много от предаността на жената. Той разбрал, че съпругът й бил на години и нейното съкровено желание било да си има дете, затова се помолил на Бога да я благослови със зачеване. Една година по-късно Бог я дарил с дете (4 Царе 4:11-17).

Бог е обещал в Псалми 37:4: *„Весели се също така в Господа и Той ще ти даде измоленото от сърцето ти."* Жената в Сунам изпълнила съкровеното си желание, защото се отнасяла с грижовност и всеотдайност към Божия служител (4 Царе 4:8-17).

В Деяния 9:36-40 е представена една жена в Йопия на име Тавита. Тя вършила много добри дела и благодеяния, но починала след боледуване и учениците й предали новината на Петър, който пристигнал на мястото. Вдовиците, които били там, му показали ризите и другите дрехи, които Тавита шиела за тях и го помолили да я съживи. Петър бил дълбоко разчувстван от жеста на жените и ревностно се помолил на Бога. Когато казал: „Тавита, стани", тя отворила очите си и се изправила. Тавита посяла пред Бога добри дела и подкрепа за бедните и затова получила благословията за удължаване на живота й.

В Марко 12:44 е описана една бедна вдовица, която дала всичко на Бога. Исус, който наблюдавал тълпата да прави дарения в храма, казал на учениците Си: *„Защото те всички пускат от излишъка си, а тя от немотията си пусна всичко, което имаше – целия си имот"* и я похвалил. Не е трудно да се досетим, че жената впоследствие получила по-големи благословии в живота си.

Богът на справедливостта позволява да пожънем това, което сме посяли и ни възнаграждава според стореното от нас в съответствие със закона на духовното царство. Бог действа според вярата на всеки човек, когато вярва в словото Му и го спазва, затова можем да получим всичко, което искаме в молитвите си. Нека всеки от вас изследва сърцето си, да го превърне старателно в добра почва, да посее много семена, да ги отглежда с постоянство и всеотдайност и да пожъне обилни плодове, моля се в името на Господ Исус Христос!

Глава 6

Илия получава Божия
отговор с огън

„Тогава Илия каза на Ахаав:
Качи се, яж и пий, защото се чува звук на изобилен дъжд.
И така, Ахаав отиде да яде и да пие,
а Илия се изкачи на връх Кармил и като се наведе до земята,
сложи лицето си между коленете си и каза на слугата си:
Иди сега, погледни към морето.
И слугата отиде, погледна и каза: Не виждам нищо.
А Илия каза: Иди пак, и така седем пъти.
На седмия път слугата отговори: Виждам малък облак,
колкото човешка длан, да се издига от морето.
Тогава Илия каза: Иди, съобщи на Ахаав:
Впрегни колесницата си и слез, за да не те спре дъждът.
А междувременно небето се помрачи от облаци, задуха
вятър и заваля силен дъжд. И Ахаав, като се возеше на
колесницата си, отиде в Езраел."

3 Царе 18:41-45

Мощният Божи служител Илия свидетелствал за живия Бог и направил така, че израелтяните-идолопоклонници да се разкаят за греховете си като поискал и получил Божия отговор с огън. Илия извършил чудо, прекратил сушата и предизвикал пороен дъжд там, където не валяло в продължение на три и половина години, заради Божия гняв към израелтяните.

В нашия живот също трябва да получим Божия отговор с огън като Илия, да свидетелстваме за живия Бог и да Го възхваляваме ако вярваме в Него.

Като разберем вярата на Илия, с която получил Божия отговор с огън и видял със собствените си очи изпълнението на желанията на сърцето си, нека и ние станем благословени Божии деца, които винаги получават с огън отговорите на нашия Баща.

1. Вярата на Илия, Божият служител

Израелтяните били Божии избраници и трябвало да почитат само Бог, но царете им започнали да вършат злини в очите на Бога и да почитат идоли. Хората в Израел започнали да вършат повече грехове и идолопоклонството достигнало своя връх по времето, когато Ахав се качил на трона. В този момент, Божият гняв срещу Израел предизвикал бедствието на сушата от три години и половина. Бог посочил Илия за Свой служител и представял чрез него делата Си.

Бог казал на Илия: *"Иди, представи се на Ахаав; и ще дам дъжд на земята"* (1 Царе 18:1).

Моисей, който извел израелтяните от Египет, отначало не се подчинил на Бога, когато му заповядал да отиде пред Фараона. Пророкът Самуил отначало също не се подчинил, когато му било наредено да миропомаже Давид. Въпреки това, Илия безусловно се подчинил на Бога и Му показал вяра, която Го задоволила, когато му било наредено да отиде и да се представи на Ахав, самият цар, който в продължение на три години искал да го убие.

Илия се подчинявал и вярвал в цялото Божие слово, затова Бог многократно представял Своите дела чрез него. Той бил доволен от смирената му вяра, обичал го, признал го за Свой служител, придружавал го навсякъде и гарантирал всичките му усилия. Бог признал вярата на Илия и затова той можел да съживява мъртвите, да получава Божия отговор с огън и да се издига до небето във вихрушка. Въпреки че има само един Бог, който седи на Своя небесен трон, всемогъщият Господ може да контролира всичко във вселената и да позволява делото Му да се извършва навсякъде, където се намира. Както откриваме в Марко 16:20: *"А те излязоха и проповядваха навсякъде, като Господ им съдействаше и потвърждаваше словото със знаменията, които ги придружаваха"*, когато един човек и вярата му са признати и одобрени от Бога, молитвите му са придружени от Божиите чудеса и отговори като знак за представянето на делото Му.

2. Илия получава Божия отговор с огън

Вярата на Илия била голяма и той бил достатъчно смирен, за да заслужи Божието признание, затова пророкът смело предсказал предстоящата суша в Израел.

Той известил на царя Ахав: *"В името на живия Господ, Израелевия Бог, на Когото служа, ти заявявам, че през тези години няма да падне роса или дъжд освен чрез дума от мен"* (3 Царе 17:1).

Бог знаел предварително за стремежа на Ахав да убие Илия, защото предсказал сушата и му казал да се скрие за известно време при потока Херит, а на враните заповядал да му носят хляб и месо сутрин и вечер. Потокът Херит пресъхнал след време заради липсата на дъжд и Бог завел Илия в Сарепта, където оставил една вдовица да му носи храна.

Синът на вдовицата се разболял, състоянието му започнало да се влошава все повече и повече и накрая починал. Тогава Илия извикал на висок глас в молитвата си: *"Господи, Боже мой, моля Ти се, нека душата на това дете се върне в него!"* (3 Царе 17:21)

Бог чул молитвата на Илия, съживил момчето и му

позволил да живее. Тази случка показва, че Илия бил Божии човек и че представеното от Него Божието слово било истината (3 Царе 17:24).

Хората в съвременната епоха никога не биха повярвали в Бога, ако не видят удивителни чудеса и знамения (Йоан 4:48). Всички ние трябва да притежаваме вярата на Илия и да проповядваме смело евангелието, за да можем да свидетелстваме за живия Бог в днешно време.

В третата година на пророчеството, в която Илия съобщил на Ахав: „През тези години няма да падне роса или дъжд освен чрез дума от мен," Бог казал на Неговия пророк: *„Иди, представи се на Ахаав; и ще дам дъжд на земята"* (3 Царе 18:1). В Лука 4:25 откриваме, че: *„В дните на Илия, когато се затвори небето за три години и шест месеца и настана голям глад по цялата земя."* С други думи, в Израел нямало дъжд в продължение на три и половина години. Преди Илия да отиде при Ахав за втори път, царят напразно търсил пророка в съседните страни, вярвайки, че Илия бил виновен за сушата в продължение на три години и половина.

Илия смело се подчинил на Божието слово и застанал пред Ахав с риск за живота си. Царят го попитал: *„Ти ли си, смутителю на Израел?"* (1 Царе 18:17) Илия отговорил: *„Не аз смущавам Израел, а ти и твоят бащин дом. Защото вие изоставихте Господните заповеди и ти последва ваалимите"* (3 Царе 18:18). Илия предал на царя

Божията воля и изобщо не се уплашил. Той направил една крачка напред и казал на Ахав: „*Сега прати вестоносци и събери при мене целия Израел на планината Кармил и четиристотин и петдесетте Ваалови пророци, и четиристотинте пророци на Ашера, които ядат на Езавелината трапеза*" (3 Царе 18:19).

Илия добре съзнавал, че сушата настъпила в Израел заради идолопоклонството на хората, затова се опитал да се сражава с 850 пророци на идоли и обявил: „*И онзи бог, който отговори с огън, той нека е Бог*" (3 Царе 18:24). Илия вярвал в Бога и затова Му показал такава вяра, с която считал, че Бог щял да му отговори с огън.

Той казал на Вааловите пророци: „*Изберете си едното теле и го пригответе първо вие, защото сте мнозина. И призовете името на бога си, обаче не слагайте огън отдолу*" (3 Царе 18:25). Илия им се присмял, когато не получили никакъв отговор от сутринта до вечерта.

Той вярвал, че Бог щял да му отговори с огън, затова наредил на израелтяните да построят олтар, да излеят вода върху всеизгарянето и дървата и се молил на Бога.

> „*Послушай ме, Господи, послушай ме, за да познае този народ, че Ти, Господи, си Бог и че Ти си възвърнал сърцата им назад*" (3 Царе 18:37).

Тогава от Господа паднал огън и изгорил всеизгарянето, дървата, камъните и пръстта и облизал водата, която била в изкопа. Всички хора, когато видели това, паднали по лицата си и казали: *„Йехова, Той е Бог; Йехова, Той е Бог"* (3 Царе 18:38-39).

Чудото станало възможно, защото Илия изобщо не се съмнявал, когато помолил Бога (Яков 1:6) и вярвал, че вече получил това, което искал в молитвите си (Марко 11:24).

Защо Илия наредил всеизгарянето да бъде залято с вода и след това се молил? Сушата продължила три и половина години и водата била най-ценната от всички продукти по онова време. Чрез пълненето на четири големи съда с вода и изливането й върху всеизгарянето три пъти (3 Царе 18:33-34), Илия показал на Бог вярата си и Му дал онова, което било най-ценно за него. Бог обича онзи, който дава на драго сърце (2 Коринтяни 9:7) и затова не само позволил на Илия да пожъне това, което посял, но и отговорил на пророка с огън и доказал на всички израелтяни, че техният Бог наистина бил жив.

Можем да свидетелстваме за живия Бог на всички хора с Неговите отговори с огън като следваме стъпките на Илия, показваме на Бог вярата ни, даваме Му най-ценното и се подготвяме да изпълни молитвата ни.

3. Илия предизвиква пороен дъжд

След като представил живия Бог на израелтяните чрез Неговия отговор с огън и след като накарал идолопоклонниците израелтяни да се покаят, Илия си спомнил обещанието, което направил на Ахав: *„В името на живия Господ, Израелевия Бог, на Когото служа, ти заявявам, че през тези години няма да падне роса или дъжд освен чрез дума от мен"* (3 Царе 17:1). Той казал на царя: *„Качи се, яж и пий, защото се чува звук на изобилен дъжд"* (3 Царе 18:41) и се качил на връх Кармил, за да изпълни Божието слово: *„И ще дам дъжд на земята"* (3 Царе 18:1) и да получи Неговия отговор.

Илия се навел към земята и поставил лице между коленете си, за да се моли. Защо направил това? Той страдал много в молитвата си.

Можем да предположим колко страстно Илия се молил на Бога от все сърце. Освен това, той не спрял да се моли докато не видял Божия отговор с очите си. Пророкът наредил на своя служител да наблюдава морето и се молил по този начин седем пъти докато не видял облак с размерите на човешка ръка. Това било повече от достатъчно, за да впечатли Бога и да разтърси Неговия небесен трон. Илия предизвикал дъжд след три години и половина суша, което означава, че молитвата му била изключително мощна.

Илия признал на висок глас, че Бог щял да работи за него, когато получил Божия отговор с огън и когато предизвикал дъжда. Той видял облака, малък, колкото човешка ръка и предупредил Ахав: *„Впрегни колесницата си и слез, за да не те спре дъждът"* (3 Царе 18:44). Вярата на Илия му позволявала да признае на глас това, което не виждал с очите си (Евреи 11:1) и Бог действал според вярата му. След известно време небето в действителност почерняло от облаци, задухал вятър и се излял проливен дъжд (3 Царе 18:45).

Трябва да вярваме, че Бог, който дал на Илия Своя отговор с огън и с дългоочаквания дъжд след три години и половина суша, е същият Бог, който прогонва нашите изпитания и страдания, реализира желанията на сърцата ни и ни дава Своите удивителни благословии.

Сигурно до сега сте разбрали, че вярата ви трябва да удовлетвори Бога, да унищожите стените от грях, издигнати между вас и Него и да Го молите за всичко без съмнение, за да получите Божия отговор с огън, да Го възхвалявате и да изпълните желанията на сърцето си.

Второ, с радост трябва да построите олтар пред Бога, да Му дадете даренията си и да се молите усърдно. Трето, трябва да потвърдите на глас, че Бог ще работи за вас, за да получите Неговите отговори. Така ще бъде изключително доволен и ще отговори на молитвата ви, за да Го възхвалявате от все сърце.

Бог ни отговаря, когато се молим за разрешение на проблемите на душата ни, децата, здравето, работата или други въпроси и получава възхвала от нас. Нека и ние да притежаваме съвършена вяра като вярата на Илия, да се молим докато получим Божиите отговори и да станем Негови благословени деца, които винаги възхваляваме нашия Баща!

Глава 7

Да изпълните желанията
на сърцето си

„Весели се също така в Господа и
Той ще ти даде измоленото от сърцето ти."

Псалми 37:4

Много хора в днешно време искат от всемогъщия Бог да получат отговори на редица проблеми. Те се стараят с пости и молитви през нощта, за да получат изцеление, да възстановят своя пропаднал бизнес, да родят деца и да получат материални благословии. За съжаление, хората, които не са способни да получат Божиите отговори и да Го възхваляват са много повече от онези, които ги получават.

Когато не получават нищо от Бога в продължение на един или два месеца, тези хора се изморяват и казват: „Бог не съществува", отказват се напълно от Него и започват да почитат идоли, с което опетняват името Му. Как може човек да изпитва „истинска вяра" ако ходи на църква, но не успява да получи Божията сила и да възхвалява Бога?

Човек може да изпълни желанията на сърцето си и да реализира всичко, което желае в своя живот и на този свят като Божие дете ако твърди, че истински вярва в Бога. Много хора не успяват да реализират желанията на сърцето си дори и когато твърдят, че вярват, защото не познават себе си. С цитата, на който се основава тази глава, нека изследваме начините, с които можем да изпълним желанията на сърцето ни.

1. Първо, човек трябва да провери собственото си сърце

Всеки човек трябва да се обърне назад и да види

дали истински вярва във всемогъщия Бог, дали изпитва съмнения или има измамно сърце и търси късмета си. Повечето хора прекарват живота си в идолопоклонство или вярват само на себе си преди да познаят Исус Христос. Въпреки това, те започват да се замислят за света, научават, че Бог може да разреши проблемите им и отиват при Него в периодите на големи изпитания или страдания, след като осъзнаят, че техните идоли и те самите не могат да преодолеят бедствията, които ги сполетяват.

Хората на този свят се съмняват, вместо да съсредоточат вниманието си върху Божията сила: „Няма ли да ми отговори ако Го помоля?" или „Добре, може би молитвата би могла да ме извади от кризата." Всемогъщият Бог управлява историята на човечеството, живота на хората, смъртта, проклятието и благословията, съживява мъртвите и вижда човешкото сърце, затова не отговаря на хората със съмнение (Яков 1:6-8).

Човек трябва първо да отхвърли съмнението и стремежа да търси късмета си и да вярва, че вече е получил всичко, което иска от всемогъщия Бог в молитвите ако истински се стреми да изпълни желанията на сърцето си. Само тогава могъщият Бог ще може да го дари с любовта Си и да му позволи да изпълни желанията на сърцето си.

2. Второ, човек трябва да провери своята вяра и убеденост в спасението

В днешно време много вярващи в църквата изпитват проблеми с вярата си. Покъртително е да видим учудващо голям брой хора да блуждаят духовно. Някои от тях са духовно невежи и не могат да видят, че вярата им върви в погрешна посока, а други не са убедени в спасението дори и след много години живот в Исус и посещаване на молитвени служби за Него.

Римляни 10:10 гласи: *„Защото със сърце вярва човек и се оправдава, а с уста прави изповед и се спасява."* Вие получавате властта като Божие дете, когато отворите вратата към сърцето си и приемете Исус Христос за ваш Спасител чрез полученото отгоре милосърдие на Светия дух. Ето защо, ще бъдете сигурни в спасението си, когато потвърдите на глас, че Исус Христос е ваш Спасител и вярвате от сърце, че Бог е съживил Исус от мъртвите.

Има проблем с вярата Ви ако не знаете със сигурност дали сте получили спасение, защото не можете да живеете според Бащината воля ако не сте убедени, че Бог е Вашият Баща, че сте получили небесно гражданство и сте станали Божие дете.

Поради тази причина, Исус ни казва: *„Не всеки, който Ми казва: Господи! Господи!, ще влезе в небесното царство, но който върши волята на Моя Отец, Който е на небесата"* (Матей 7:21). Естествено е човек да не получи

Божиите отговори ако не е осъществил лична връзка с Бащата Бог. Въпреки това, дори и тази връзка да има определена форма, човек няма да получи Божиите отговори ако сърцето му е грешно според Бога.

Следователно, Бог ще разреши всеки един от проблемите ви, включително болести, провал в бизнеса и финансови затруднения и ще действа за успеха на всичките Ви начинания ако станете Божие дете, което е сигурно в спасението си и се разкайва, че не живее според Божията воля.

Бог ви помага чрез словото на истината да разрешите всички проблеми и затруднения, които съществуват между вас и детето Ви ако Го търсите заради подобен проблем. Понякога са виновни децата, но в повечето случаи родителите са отговорни за трудните отношения. Бог им дава мъдрост и действа за доброто на двете страни ако родителите първи се откажат от грешните си методи и се покаят за тях, ако се стремят да възпитат добре децата си и отдават всичко на Бога преди да започнат да сочат с пръст.

Следователно, ако дойдете в църквата и искате да разрешите проблеми с вашите деца, заболявания, финанси и т.н., първо трябва да разберете чрез истината какво възпрепятства връзката ви с Бога, да се покаете и да се откажете от грешните си дела, вместо прибързано да постите или да стоите будни цяла нощ, за да се молите. Бог тогава ще действа за вашия успех под ръководството на Светия дух. Молитвата ви няма да доведе до Божиите отговори ако вие дори не се опитвате да разберете, да чуете Божието слово или да живеете според него.

Има много примери, в които хората не успяват изцяло да възприемат истината и не получават Божиите отговори и благословии, затова всички ние трябва да изпълним желанията на сърцата ни като бъдем сигурни в нашето спасение и живеем според Божията воля (Второзаконие 28:1-14).

3. Трето, трябва да удовлетворите Бога с делата си

Душата на човек преуспява, ако той признае съществуването на Създателя Бог и приеме Исус Христос като свой Спасител, научава истината и се просвещава. Освен това, като продължава да открива Божието сърце, той може да живее така, че животът му да удовлетворява Бога. Докато две или тригодишните деца не знаят как да зарадват своите родители, те се научават да постигат това в своето юношество и в живота си като възрастни. По същия начин, колкото повече Божиите деца разбират и живеят според истината, толкова повече могат да удовлетворят своя Баща.

Отново и отново, Библията ни учи за начините, с които нашите праотци на вярата са получи отговори на молитвите си чрез удовлетворяването на Бога. Как Авраам задоволил

Бога?

Авраам винаги се молил и живял в спокойствие и святост (Битие 13:9), служил на Бога с цялото си тяло, сърце и съзнание (Битие 18:1-10) и съвестно Му се подчинявал без да намесва собствените си мисли (Евреи 11:19; Битие 22:12), защото вярвал, че Бог щял да съживи мъртвите. В резултат на това, Авраам получил благословията на Йехова-ире или „Господ ще промисли", благословията за децата, благословията за финансово благополучие, благословията за добро здраве и т.н. и благословии за всичко (Битие 22:16-18, 24:1).

Какво направил Ной, за да получи Божиите благословии? Той бил праведен, безгрешен сред хората от неговото поколение и вървял с Бога (Битие 6:9). Само Ной и неговото семейство успели да избегнат потопа и да получат спасение, когато целият свят бил наводнен. Ной вървял с Бога и затова се вслушал в Божия глас, приготвил ковчег и повел семейството си към спасение.

Вдовицата в Сарепта получила изключителни благословии, когато в 3 Царе 17:8-16 посадила семето на вярата в Божия служител Илия по време на три годишната и половина суша в Израел. Тя се подчинила с вяра и дала на Илия хляба, направен само с шепа брашно в делвата и малко дървено масло в стомната, затова Бог я благословил и изпълнил Своето пророчество като казал: *„Делвата с брашното няма да се изпразни, нито стомната с маслото ще намалее до деня, когато Господ даде дъжд на земята"* (стих 14).

Жената в Сунам в 4 Царе 4:8-17 се грижила и се отнасяла с Илия с изключително внимание и уважение и затова получила благословията да роди син. Жената не се грижила за Божия служител, защото очаквала нещо в замяна, а защото истински обичала Бога от все сърце. Нима не е основателно тази жена да получи Божията благословия?

Лесно е също така да се каже, че Бог сигурно е останал много доволен от вярата на Данаил и тримата му приятели. Данаил бил захвърлен в клетката на лъва за това, че се молил на Бога, но той Му се доверил и излязъл от нея напълно здрав (Данаил 6:16-23). Тримата приятели на Данаил били завързани и захвърлени в горяща пещ, защото не почитали идоли, но те възхвалявали Бога след като излезли от пещта без да бъдат засегнати от пламъците и без да имат никакво изгаряне (Данаил 3:19-26).

Стотникът в Матей 8 удовлетворил Бога със своята голяма вяра и получил Божиите отговори. Исус предложил да посети дома му и да излекува болния слуга, когато научил, че бил парализиран и подложен на ужасни страдания. Стотникът показал своята голяма вяра и огромната си любов към слугата с молбата: *"Кажи само една дума и слугата ми ще оздравее"* (стих 8) и Исус го похвалил: *"Дори в Израел не съм намерил толкова вяра"* (стих 10). Човек получава Божиите отговори според вярата си и затова слугата на стотника бил излекуван веднага. Алелуя!

Има още примери. В Марко 5:25-34 виждаме вярата на една жена, която страдала от кръвотечение в продължение на дванадесет години. Състоянието й все повече се влошавало, въпреки грижите на много лекари и изразходваните средства. Тя чула новините за Исус и вярвала, че щяла да се излекува ако докоснела дрехата Му. Кръвотечението й спряло, когато отишла при Исус и докоснала мантията Му.

Какво сърце притежавал стотникът Корнилий в Деяния 10:1-8 и по какъв начин той – неевреинът, служил на Бога, за да бъде спасено цялото му семейство? Виждаме че Корнилий и семейството му изпитвали страхопочитание и уважение към Бога; той щедро дарявал хората в нужда и се молил редовно на Бога. Ето защо, неговите молитви и милостини към бедните се издигнали пред Бога за спомен и затова всички от семейството на Корнилий приели Светия дух и започнали да говорят на чужди езици, когато Петър посетил къщата му, за да почете Бога.

В Деяния 9:36-42 намираме една жена, наречена Тавита (което значи Сърна), която винаги правила добро и помагала на бедните, но се разболяла и умряла. Петър дошъл при нея по молба на учениците, молил се на колене и Тавита се съживила.

Живият Бог изпълнява желанията на сърцата им и действа за успеха на всичките им начинания, когато децата Му изпълняват задълженията си и удовлетворяват своя Баща. Винаги ще получаваме Божиите отговори в живота си ако повярваме истински в този факт.

Чрез консултации или разговори от време на време, чувам за хора, които някога са имали голяма вяра, служили са добре на църквата и са били праведни, но след това изоставили Бога след период на страдания и изпитания. Винаги съм покъртен, когато виждам неспособността на хората да направят духовна разлика.

Хората няма да изоставят Бога, дори и когато са поставени на изпитания, ако имат истинска вяра. Те ще бъдат радостни, благодарни и ще се молят дори и по време на трудности и страдания ако изпитват духовна вяра. Няма да предадат Бога, да се изкушат или да загубят упованието си на Него. Хората понякога са праведни в надеждата си да получат благословии или да бъдат признати от другите, но молитвата с вяра и молитвата, изпълнена с надежди за късмет лесно могат да се разграничат според резултатите им. Ако човек се моли с духовна вяра, молитвата му най-вероятно ще бъде придружена от дела, които удовлетворяват Бога и той ще Го възхвалява много като изпълнява едно след друго желанията на сърцето си.

С ръководство на Библията разгледахме как нашите праотци показали вярата си към Бога, с какви сърца Го задоволили и изпълнили своите желания. Бог благославя според обещанието Си, всички онези, които Го задоволяват – подобно на Тавита, която била съживена, на бездетната жена от Сунам, която била благословена със син и на жената, която страдала от кръвотечение в продължение на дванадесет години и била изцелена – нека вярваме и устремим погледа си към Него.

Бог ни казва: *„Ако можеш да повярваш! Всичко е възможно за този, който вярва"* (Марко 9:23). Той със сигурност ще се погрижи за всеки от нас, когато вярваме, че може да прекрати всичките ни проблеми, когато Му поверим изцяло несгодите, свързани с вярата ни, заболяванията, децата и финансовите затруднения и разчитаме на Него (Псалми 37:5).

Чрез удовлетворяването на Бога, който не лъже, а изпълнява думите Си, нека всеки от вас да изпълни желанията на сърцето си, да възхвалява Бога и да води благословен живот, моля се в името на Исус Христос!

Авторът:
Д-р Джейрок Лий

Д-р Джерок Лий е роден в Муан, провинция Джионам, република Корея, през 1943 година. На двадесет години д-р Лий започва да страда от различни нелечими болести и в продължение на седем години живее в очакване на смъртта, без надежда за оздравяване. Един ден, през пролетта на 1974 г., сестра му го завежда в една църква и когато той коленичи да се помоли, живият Бог незабавно го изцелява от всички болести.

От момента в който д-р Лий опознава живия Бог чрез това прекрасно преживяване, той започва да Го обича с цялото си сърце и душа и през 1978 година е призован да стане Божий служител. Моли се пламенно, за да може ясно да разбере и изпълни Божията воля и да се подчинява безпрекословно на Божието слово. През 1982 г. основава Централната църква Манмин в Сеул, Южна Корея, където започват да се извършват безброй Божии дела, включително чудотворни изцеления.

През 1986 г. д-р Лий е ръкоположен за пастор на годишната среща на Святата корейска църква на Исус, а четири години по-късно, през 1990 г., неговите проповеди започват да се излъчват в Австралия, Русия, Филипините и много други страни чрез далекоизточната радиопредавателна компания, азиатската радиостанция и вашингтонското християнско радио.

Три години по-късно, през 1993 г., Централната църква Манмин е избрана от списание Християнски свят (САЩ) като една от 50-те водещи световни църкви и той получава титлата почетен доктор по богословие от Християнския колеж във Флорида, САЩ. През 1996 г. д-р Лий защитава докторат по християнско духовенство от Теологичната семинария Кингсуей, Айова, САЩ.

От 1993 година д-р Лий заема водещо място в световното християнско духовенство чрез участието си в редица международни инициативи в Лос Анжелис, Балтимор и Ню Йорк (САЩ), Танзания, Аржентина, Уганда, Япония, Пакистан, Кения, Филипините, Хондурас, Индия, Русия, Германия, Перу и Демократична република Конго, а през 2002 г. е обявен за «световен пастор» от главните християнски вестници в Корея благодарение на своето участие в различни международни мисии.

От Септември, 2018 г. година паството на Централната църква Манмин наброява над 130 000 члена и 11 000 национални и чуждестранни църковни представителства в целия свят. Досега е изпратила повече от 98 мисионери във 26 страни, включително в САЩ, Русия, Германия, Канада, Япония, Китай, Франция, Индия, Кения и много други.

Досега д-р Лий е написал 112 книги, включително бестселърите „Опитване на Вечния Живот преди Смъртта", „Моят Живот, Моята Вяра I и II", „Посланието на Кръста", „Мярката на Вярата", „Небето I и II", „Адът" и „Божията Сила". Книгите му са преведени на повече от 75 езика.

Неговите християнски статии са публикувани в *The Hankook Ilbo, The Chosun Ilbo, The JoongAng Daily, The Dong-A Ilbo, The Hankyoreh Shinmun, The Seoul Shinmun, The Kyunghyang Shinmun, The Korea Economic Daily, The Shisa News* и *The Christian Press*.

Понастоящем Д-р Лий е ръководител на редица мисионерски организации и асоциации. Той е председател на Обединената света църква на Исус Христос, президент на Световната мисия на Манмин, постоянен президент на Световната християнска асоциация за изцеление, основател и председател на съвета на Глобалната християнска мрежа (GCN), основател и председател на съвета на Световната мрежа на християнските лекари (WCDN) и основател и председател на съвета на Международната семинария Манмин (MIS).

Други силни книги от същия автор

Небето I & II

Подробна картина на красивата обител, на която се радват небесните жители и прекрасно описание на различните равнища на небесните царства.

Посланието на Кръста

Мощно пробуждащо послание за всички хора, които са духовно заспали! С тази книга ще разберете защо Христос е единственият Спасител и истинската Божия любов.

Ад

Ревностно послание за цялото човечество от Бога, който не иска нито една душа да попадне в Ада! Ще разкриете жестоката действителност на чистилището и ада, описана за първи път.

Дух, Душа и Тяло I & II

Ръководство за духовно разбиране на духа, душата и тялото, което ни помага да открием какъв вид „същност" сме изградили, за да добием силата да победим тъмнината и да станем хора на духа.

Мярката на Вярата

Каква обител, каква корона и какви награди са запазени за вас на небето? Тази книга дарява с мъдрост и ръководство, за да разберете вярата си и да я направите истинска и всеотдайна.

Пробуди се, Израел

Защо Бог не откъсва поглед от Израел от неговото създаване до наши дни? Какво е Божието провидение за Израел през последните дни, когато очаква Месията?

Моят Живот, Моята Вяра I & II

Силен духовен аромат, извлечен от живота, процъфтял с несравнима любов към Бога сред тъмни вълни, изпитания и дълбоко отчаяние.

Божията Сила

Задължително четиво, което ни ръководи, за да притежаваме истинска вяра и да изпитаме чудната сила на Бога.

---

www.urimbooks.com

www.ingramcontent.com/pod-product-compliance
Lightning Source LLC
LaVergne TN
LVHW092055060526
838201LV00047B/1400